RÍNXOLS D'ÓS

Història escrita per
Stéphane Servant
i il·lustrada per
Lætitia Le Saux

JOVENTUT

Aquesta nit Gran Carnaval

Aquesta nit és el gran CARNAVAL del bosc.

A la cabana de la família Ós
tots preparen la seva disfressa.

El Papa Ós es veu fantàstic
vestit de
LLOP FEROTGE.

La Mama Ós acaba de cosir la seva disfressa de
VENTAFOCS.

I tu,

Osset?

–Jo,
em disfresso de

RÍNXOLS D'ÓS!

—Qui, què, **com?** —quequeja el Papa Ós—. Rínxols d'Ós? Amb una faldilla rosa i cuetes rosses?

NO, NO, NO!

No t'estimes més disfressar-te d'una altra cosa?

—De CAVALLER VALENT? Amb una armadura i una espasa!

—NO,

jo em vull disfressar
de Rínxols d'Ós!

—diu l'Osset.

—O potser d'OGRE TERRIBLE?
Amb unes botes i un ganivet ben gros!

—NO,

jo em vull disfressar
de Rínxols d'Ós!

—insisteix l'Osset.

—I per què no et disfresses de PORQUET LLEST?
Amb una paleta ben maca!

–NO, NO I NO,

jo em vull disfressar
de Rínxols d'Ós!

—Qui, què, com? —s'enfada el Papa Ós—. Rínxols d'Ós? Amb una faldilla rosa i cuetes rosses?

Això no pot ser!

—I per què no?
—pregunta l'Osset.

—Sí, per què no pot?
—pregunta la Mama Ós.

—Doncs, perquè ets un... ÓS!
I un ÓS de veritat no porta faldilles roses!
Ni tampoc cuetes rosses!

Això és per a les nenes,

les ossetes,

les ninetes,

les bufonetes,

les cuscuetes!

TENS
ALGUNA
COSA
EN CONTRA
DE LES FALDILLES
I
LES CUETES?

pregunta de cop i volta una veu gruixuda.

—Qui, què, com? —quequeja el Papa Ós.
Jo? I ara...!

–N'estàs segur?

—gruny el Llop Ferotge, disfressat de CAPUTXETA LLOP.

—Del tot...
Fixa't si m'agraden
les faldilles i les cuetes!

Que guai!

—De debò? —exclama
la Mama Ós, encantada—.
Si vols, peluixet meu,
tinc una disfressa molt
bonica per a tu...

I aquella nit,
el Papa Ós va ser el **més guapo**
de tot el carnaval...

amb el seu vestit de

VENTAFÓS!